Pregunta esencial

¿Cuándo nos puede ser útil aprender sobre la naturaleza?

El tigre y el hijo del sultán

Lina Patricia Cruz
ilustrado por Álvaro Fernández Villa

Capítulo 1

El hijo del sultán

Selim era el hijo de un sabio sultán y su esposa. Por si no lo sabes, sultán es una forma especial de llamar al rey en algunas partes del mundo, y su función es gobernar a su pueblo.

Selim y sus padres vivían felices en un palacio situado en medio de un frondoso bosque. El palacio era enorme y bellísimo. A su alrededor se cultivaban varias especies de árboles frutales y hortalizas, pues a los tres les encantaban las frutas y verduras frescas y coloridas.

Selim tenía 10 años y era muy simpático, curioso e ingenioso. Lo que más le gustaba era pasearse por los jardines y admirar los cultivos y los animales del palacio.

A menudo, el sultán lo acompañaba en sus paseos y le contaba de los animales que vivían en el bosque, en especial del tigre, el animal preferido de Selim. El niño nunca había visto uno y su sueño era encontrarse con ese majestuoso animal.

En ocasiones, el sultán, su esposa y su hijo salían del palacio a caminar por el bosque, así Selim aprendía más cosas acerca de los animales: su hábitat, alimentación y costumbres. El sultán quería enseñarle a Selim que todo conocimiento parte de la observación y de hacer y resolver preguntas.

—Nadie tiene la capacidad de saberlo todo —le decía el sultán con sabiduría—. Todos debemos investigar aquello que nos apasiona y averiguar cómo funciona.

El sultán también le mostraba a Selim libros y sus ilustraciones para que conociera los animales que no se encontraban alrededor del palacio.

—Este es el gorila de espalda blanca —le enseñó el sultán en un libro—. Le gusta vivir en compañía de otros gorilas y se alimenta de frutas. Vivir en grupo es una estrategia de supervivencia, porque de esta forma se protegen unos a otros. Además, los gorilas recogen hojas del suelo para hacer sus camas.

Mientras el sultán le explicaba el modo de vida de los gorilas, Selim pensaba en cómo sería* vivir en manada o cómo se vería su mano al lado de la de uno de estos animales. También se imaginaba recogiendo hojas todos los días para organizar su cama, Selim tenía una gran imaginación.

En otras ocasiones, el niño soñaba con ser una gran ave colorida como las que el sultán le enseñaba en sus caminatas por el bosque. Su padre le explicaba que algunas de ellas eran migratorias; entonces Selim se imaginaba mudándose de palacios según las estaciones. "¡Dos mudanzas al año! Podría ser divertido", pensaba el joven.

Cuando iban al lago y veían aves zancudas, se imaginaba él mismo con largas patas tratando de cazar zancudos para alimentarse. ¡Era una gran experiencia! Mientras tanto, el sultán le explicaba por qué esas aves tenían las patas tan largas.

—Es sencillo —explicaba el sultán con facilidad—, las tienen largas porque siempre están metidas en el agua. ¿Te imaginas pasarse el día allí con las plumas todas mojadas? Tener las patas largas es una buena fórmula para no mojarse, puesto que las plumas mojadas dificultan el vuelo.

Así, Selim aprendía acerca de cada uno de los animales, y como la mejor forma de aprender es hacer preguntas, cuando se desconoce la respuesta, llenaba a su padre de preguntas. Sobre todo de preguntas acerca de los tigres.

—¿Por qué se llaman tigres? ¿Por qué tienen tantas rayas? ¿Por qué no hacen ruido al caminar? ¿Por qué tienen colmillos largos? ¿Cómo sabes que los gatos y los tigres son de la misma familia? ¿Nos está mirando un tigre? —preguntaba Selim sin detenerse a tomar aire entre cada una de sus preguntas. Quería saberlo todo acerca de estos felinos.

Capítulo 2

Un tigre en el palacio

Un día, mientras Selim y el sultán observaban el movimiento de una serpiente, vieron a lo lejos un cachorro de tigre que parecía estar perdido. Selim se le acercó y lo acarició mientras detallaba su hipnotizador diseño en el pelaje y sus ojos encantadores. Miró al sultán con el cachorro de tigre en los brazos.

—Parece que está perdido —dijo el sultán—. Tal vez se extravió de su guarida; será mejor que lo llevemos al palacio y lo cuidemos allí. Aunque los tigres son animales poderosos, cuando son cachorros no se pueden defender.

—¿No? —preguntó Selim.

—Mira cómo lo cargaste y él no opuso resistencia —respondió el sultán—. ¿Ves cuán importante es la observación para aprender? Fíjate que está asustado; debe ser porque su madre no está cerca. Cuida de no soltarlo.

Selim y el sultán caminaron de regreso al palacio con el pequeño tigre.

—Lo cuidaremos mientras encontramos a su madre —dijo el sultán—. Él no se sentirá bien en un lugar reducido porque le gustan los espacios amplios. Además, su madre lo debe estar buscando.

—De acuerdo, padre —respondió Selim con una gran sonrisa.

Al día siguiente, Selim se levantó muy temprano para darle de comer al cachorro de tigre.

—Papá me dijo que te gusta la carne; te traeré un poco —le dijo cariñosamente Selim al cachorro.

—Tu papá tiene toda la razón —dijo el cachorro de tigre lamiéndose los bigotes—, a mi mamá, a mis hermanos y a mí nos fascina la carne.

Selim se quedó sin palabras. Aunque quería responderle, no le salían las sílabas de la boca. ¿Qué se le responde a un cachorro de tigre que habla? El pequeño sultán nunca imaginó que algo así podría pasar. Por un momento creyó que estaba soñando, y que en su sueño había adoptado por unos cuantos días a un cachorro de tigre, y este tenía la facultad de hablar.

—¿Por qué te quedas callado? —preguntó el tigre—. Tú no eres así. Habitualmente hablas y hablas y preguntas y preguntas, solo te quedas callado cuando el sultán habla.

Selim continuó callado a causa del asombro. En efecto, él hablaba mucho, hacía muchas preguntas y solo permanecía en silencio cuando su padre hablaba, para entender las explicaciones que su padre le daba. Pero en esta ocasión, por la sorpresa de oír a un tigre que hablaba, sus palabras desaparecieron, se esfumaron. ¡Era una experiencia increíble!

—¿Hablas? —tartamudeó Selim después de tomar una gran cantidad de aire.

—Sí, hablo —respondió el cachorro—. ¿No lo sabías? ¡Cosas nuevas se descubren todos los días!

Mientras tanto, en un salón del palacio, el sultán hablaba con sus colaboradores, ya que era necesario encontrar la guarida del tigre lo más pronto posible. El cachorro de tigre no estaría cómodo en el palacio, su hábitat era el bosque, al lado de su madre.

Detective del lenguaje	**Busca en esta página tres verbos regulares conjugados en presente.**

Los tigres poblaban los alrededores del palacio; sin embargo, nadie había visto uno tan de cerca. Es más, nadie había tenido la oportunidad de sostener uno en brazos ni, mucho menos, llevarlo a vivir a su casa.

Selim salió corriendo a buscar al sultán para contarle lo sucedido. Al verlo, gritó con entusiasmo:

—¡Papá, papá! El cachorro habla.

—Hijo querido, bien sabes que los animales no hablan. Es cierto que se comunican entre ellos, pero desconocen nuestra lengua.

—Lo sé; sé que no hablan, pero este me habló —dijo Selim con insistencia.

—Te acompañaré a ver el cachorro y descubriremos qué está pasando —dijo el sultán en tono paciente y comprensivo.

Capítulo 3

Juegos de amigos

El sultán y Selim entraron a la cocina del palacio, donde estaba el cachorro de tigre. Ya se había comido un pedazo de carne y ahora tomaba agua fresca.

—Esto sabría mejor si hubiera un poco de leche para acompañarla —le oyeron decir Selim y el sultán.

En efecto, el cachorro hablaba. Al sultán le resultaba difícil creerlo. ¡Era asombroso! ¿Cómo no se había enterado de que los animales hablaban? ¿Era la primera vez que esto ocurría y nadie más lo sabía? Muchas preguntas invadieron al niño y a su padre, pero estaban tan asombrados que olvidaron algo muy importante: si el cachorro de tigre hablaba, podría decirles dónde estaban su guarida y su madre.

—Me llamo Yeryer y soy el gran tigre feroz del bosque —dijo el felino con un tono gracioso.

—¿El gran tigre feroz? —preguntó Selim con una sonrisa en la boca.

—Claro, los tigres somos feroces y poderosos. Si el león es el rey de la selva, nosotros somos los monarcas del bosque —añadió muy orgulloso.

Selim y su padre se rieron de las ocurrencias de Yeryer. Era un cachorro de tigre muy inocente que se creía ya un gran tigre del bosque.

El sultán decidió que guardarían silencio acerca de la habilidad del tigre, pues si las personas se enteraban de la existencia de un tigre que hablaba, seguramente querrían ir a verlo y el palacio se llenaría de gente. Además, como los tigres son animales solitarios, a Yeryer le disgustaría verse rodeado de personas.

Los días pasaban y los colaboradores del sultán no encontraban ni la guarida del cachorro de tigre ni a su madre. Los tigres son muy sigilosos y se esconden con facilidad en la espesura del bosque. Esto explica por qué no habían logrado encontrar aún a la madre del cachorro.

Durante este tiempo, Yeryer y Selim se hicieron grandes amigos: jugaban a las escondidas, se quedaban dormidos en el mismo sitio, organizaban competencias para ver quién era el más veloz y compartían relatos.

Un día, Yeryer le contó a Selim que las orejas les servían a los elefantes para refrescarse, porque las usaban como abanico, mientras que los cocodrilos se refrescaban abriendo la boca. Estas curiosidades se las habían contado un elefante y un cocodrilo.

—Ustedes, ¿cómo se refrescan? —le preguntó Yeryer.

—A nosotros nos salen pequeñas gotitas de agua en la cara que llamamos sudor —contestó Selim.

Un día soleado y de brisa refrescante, Selim y Yeryer estaban jugando a las carreras. Corrían por el bosque con mucha alegría. La mayoría de las veces, Yeryer era el ganador, porque era más veloz; él corría con cuatro patas, mientras Selim solo lo hacía con dos piernas. Sin importar cuál de los dos fuese el ganador, siempre volvían a jugar. Se divertían mucho estando juntos.

De repente, el bosque se quedó en silencio. Los pájaros dejaron de cantar, y el viento dejó de soplar. Yeryer alzó sus orejas, se detuvo un momento y le dijo a Selim que también se detuviera. Permanecieron así un rato.

—¿Qué pasa? —preguntó Selim.

—Es necesario que guardemos silencio —murmulló Yeryer—. Hay alguien en el bosque.

—¿Cómo lo sabes? Solo estamos nosotros. Parece que los otros animales se han ido, pues no oigo ruidos.

—Lo sé —respondió Yeryer—, porque todo está en silencio. Por eso es importante que observemos y estemos alerta. Me parece que tu padre te dijo eso alguna vez.

Se quedaron inmóviles un rato más. De repente, Yeryer gritó:

—¡Sígueme! ¡Debemos buscar un escondite!

Detective del lenguaje

Busca dos nombres propios en esta página. ¿Cómo sabes que son nombres propios?

Capítulo 4

Las rayas del tigre

Selim y Yeryer fueron a esconderse rápidamente y en silencio. Yeryer iba adelante y el pequeño sultán, detrás, pero pronto este perdió de vista al tigre.

—¡Pst! —oyó decir—. Por aquí.

Selim miró y solo vio los ojos de Yeryer, que eran inconfundibles, y se dirigió hacia allá. Selim se escondió detrás de un árbol, mientras Yeryer permaneció inmóvil. Su figura se confundía con los troncos del bosque. De repente, ambos vieron pasar a una persona.

El bosque permaneció en silencio un rato más. Después, el viento volvió a soplar y los pájaros, a cantar.

—Ya sé, tus rayas son una especie de camuflaje, por eso es tan difícil verte —dijo Selim con alegría—. Pero, dime, ¿por qué nos escondimos?

—Hay personas que nos persiguen porque les gusta nuestro pelaje. Es bello, ¿no crees?

—¡Los persiguen para quitarles la piel! —gritó Selim enfadado—. No deberían hacerlo. ¿Acaso les gustaría que a ellos les quitaran la piel simplemente porque a alguien le parece bonita?

—Lo sé, es ridículo. Por eso me separé de mi madre y me perdí. Nos estaban persiguiendo y ella se fue en una dirección y yo, en otra. Me dijo que el destino nos uniría después, que yo estaría bien. Te conocí y conocí a tus padres, quienes me recibieron y cuidaron muy bien. Ha sido una experiencia maravillosa.

Yeryer se quedó nuevamente inmóvil. Sentía que alguien lo estaba mirando con unos grandes ojos penetrantes, así que observó con detenimiento, pero no vio nada.

Yeryer oyó una voz que le pareció familiar. Miraba con inquietud hacia todos los rincones del bosque y Selim hacía lo mismo.

—Yeryer, por aquí.

Yeryer volteó a mirar y vio unos dulces ojos de tigresa. ¡Era su madre!

—¡Hola, hijo! No te sorprendas, pues como te dije cuando nos separamos: una madre siempre sabe dónde está su hijo.

Madre e hijo se saludaron. Selim los observaba con atención mientras se preguntaba por qué no habían oído a la madre de Yeryer si estaba tan cerca de ellos.

Los tigres hablaron de lo que habían vivido durante el tiempo de separación y se alegraron del grato encuentro. Yeryer también le dijo a su madre que Selim había cuidado de él y que era un niño muy curioso e ingenioso.

Selim aprovechó ese momento para preguntar algo.

—Si estabas tan cerca, ¿por qué no te oímos?

—¿Ves mis patas? Son muy grandes y mullidas en la parte de abajo, así todo mi peso se distribuye y mis pisadas no suenan. Además, nosotros los tigres somos muy sigilosos cuando caminamos.

Yeryer y Selim le contaron a la mamá tigresa cuáles eran sus juegos favoritos y cómo se divertían.

La tarde había transcurrido y pronto anochecería. Selim debía regresar pronto a su hogar.

Yeryer y su madre lo acompañaron hasta la puerta del palacio. Allí, Yeryer y Selim se dieron un gran abrazo de despedida. Era hora de que Yeryer regresara al bosque, donde pertenecía. Se había divertido mucho con Selim y la comida le había parecido excelente, pero la vida de un tigre como él, estaba en el bosque, no en un palacio.

—Te visitaremos con frecuencia —le dijo Yeryer—. Y, por favor, practica tus carreras. No quiero seguir ganándote siempre.

Selim se rio.

Los padres de Selim, que habían estado observando la escena desde la puerta del palacio, se alegraron al ver que Yeryer había encontrado a su madre.

Cuando Selim entró al palacio, abrazó a sus padres y después les relató todo lo que había aprendido.

—Hay personas que persiguen a los tigres por su piel, por eso Yeryer se había separado de su madre.

—No puede ser —dijo con asombro el sultán—. Si esto continúa, los tigres desaparecerán. Haré una ley que prohíba perseguirlos.

Al día siguiente, el sultán se reunió con sus colaboradores para decretar la ley acerca de la protección de todos los animales, en especial, de los tigres. Nadie podría perseguir a los animales para obtener su piel o sus plumas.

Por su parte, Selim ideó un pequeño artefacto para sus pies. Ver las patas de los tigres desde tan cerca le había permitido detallarlas, y, como su padre decía que el principio científico es la observación, las imitó. Así amortiguarían sus pisadas y jugaría a asustar a todos en el palacio.

Una tarde, el joven iba a asustar a su madre, la única que faltaba. Ella estaba bordando en uno de los divanes del gran palacio. Selim se acercó con sigilo, como un tigre. Su artefacto funcionaba a la perfección: sus pisadas no se oían. Y justo cuando estaba a punto de asustarla...

—Ya sé que estás detrás del diván —dijo su madre.

—¿Cómo lo supiste? —preguntó el curioso Selim.

—Muy fácil: una madre siempre sabe dónde está su hijo —le dijo abrazándolo.

Resumir

Usa los detalles más importantes de *El tigre y el hijo del sultán* para resumir el cuento. Puedes usar el organizador gráfico como ayuda.

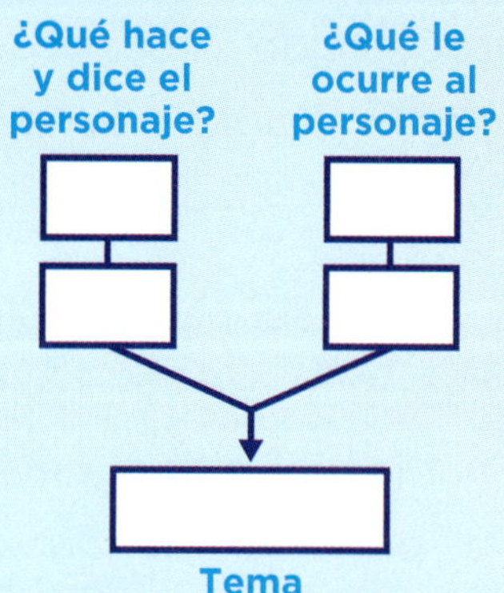

Evidencia en el texto

1. ¿Cómo sabes que *El tigre y el hijo del sultán* es un cuento de fantasía? Identifica dos características que te lo indiquen. **GÉNERO**

2. ¿Cómo es la relación entre Selim y Yeryer? ¿Qué cosas aprenden de su amistad? **TEMA**

3. ¿Qué comparación ayuda a explicar el significado de la palabra *monarca* en la página 11? **COMPARACIONES**

4. ¿Qué hace el sultán para proteger a los tigres? ¿Por qué? Escribe acerca del tema. **ESCRIBIR SOBRE LA LECTURA**

Género Texto expositivo

Compara los textos

Lee sobre un científico cuyo conocimiento de la naturaleza está ayudando a combatir enfermedades.

Medicamentos del mar

Cuando el profesor Bill Fenical va a bucear en el océano, entra en lo que ha sido llamado "el botiquín de Neptuno". Del océano, él y sus estudiantes obtienen muestras de la vida marina que luego llevan a su laboratorio. Allí pueden extraer compuestos químicos de las muestras. Anhelan descubrir algo que los ayude a combatir enfermedades para las cuales aún no hay cura. Fenical quiere encontrar la cura para el cáncer y ¡la está buscando en el mar!

Varios animales y plantas utilizan compuestos químicos para evitar que otros animales u organismos los ataquen. El zorrillo es un ejemplo de un animal terrestre que hace esto. La investigación marina de Fenical utiliza este conocimiento.

El doctor William Fenical

Bill Fenical es un investigador especializado en productos marinos naturales. A él también le encanta bucear.

Cuando Bill tenía 12 años, viajó a Florida. Cuando estaba allí, quedó fascinado con el océano. Poco tiempo después de ese viaje, su familia se mudó a California, donde aprendió a bucear. Fenical estudió química orgánica y recibió un doctorado de la Universidad de California.

La pasión de Fenical por el océano lo ha llevado a destacarse en su carrera de científico. Usa las destrezas que adquirió de su pasatiempo en su trabajo, reuniendo muestras de plantas y animales del océano. Y el océano todavía sigue siendo el lugar en donde se relaja y se divierte. Incluso es dueño de un barco y le encanta salir a pescar.

El doctor Fenical (derecha) y una asistente estudian muestras en el laboratorio.

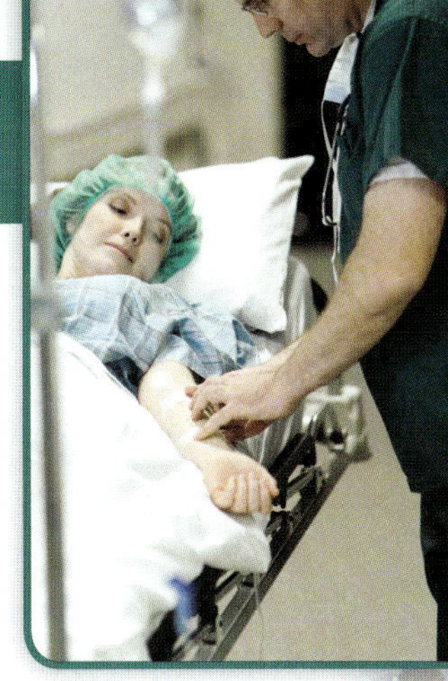

En un hospital, una paciente recibe medicamentos por vía intravenosa.

Fenical está interesado en los compuestos químicos con los que algunos animales y plantas marinos se protegen. Ya sabe que las plantas subacuáticas rechazan los ataques de las bacterias y los virus mediante el uso de compuestos químicos. Ha dedicado su carrera a descubrir cómo utilizar estos compuestos químicos para mejorar nuestra salud.

Encontrar una cura para el cáncer es un gran desafío. El laboratorio de Fenical ha encontrado y experimentado con dos compuestos químicos que parecen proteger contra el crecimiento de algunos tipos de cáncer. Fenical encontró uno de los compuestos en bacterias que viven en el lodo del fondo del océano. El otro compuesto químico proviene de un hongo que vive en las algas. Actualmente se les están suministrando estos dos compuestos químicos recién descubiertos a pacientes para ver si les ayudan a luchar contra el cáncer. Si funcionan, Fenical espera poder cultivarlos en el laboratorio.

Haz conexiones

¿Qué conocimiento específico de la naturaleza ayuda al doctor Fenical en su búsqueda para encontrar una cura a las enfermedades? **PREGUNTA ESENCIAL**

Compara las formas como Selim en *El tigre y el hijo del sultán* y el doctor Fenical en *Medicamentos del mar* usan su conocimiento de la naturaleza para ayudar a otros. **EL TEXTO Y OTROS TEXTOS**

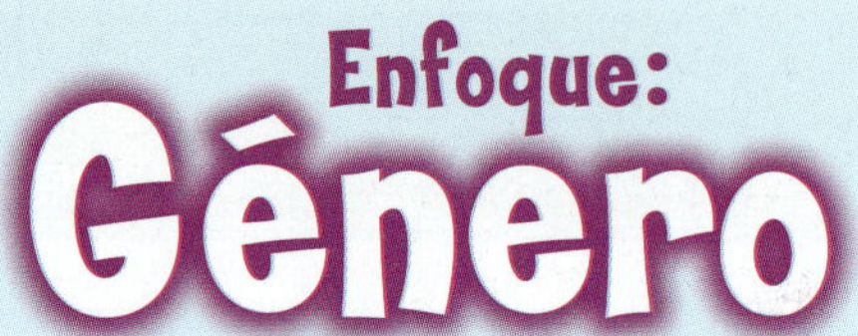

Fantasía La fantasía es un tipo de ficción en que pueden existir otros mundos. Hay diferentes tipos de fantasías: desde relatos que acontecen en mundos antiguos, donde hay dragones y tesoros, hasta narraciones modernas en las cuales los personajes se desplazan en el tiempo o cambian su tamaño o forma.

En algunas narraciones, los seres humanos comunes entran en otra realidad a través de un portal. En otras, los personajes humanos pueden hablar con animales, plantas u objetos inanimados.

Lee y descubre Vuelve a leer el capítulo 2 de *El tigre y el hijo del sultán* para ver cómo Selim y el sultán se sorprenden cuando escuchan hablar al tigre. Estos hechos, que la autora relata en el cuento, jamás ocurrirían en la vida real.

Tu turno

Elige un personaje de *El tigre y el hijo del sultán*. Escribe una escena fantástica en la que participe. Puedes incluir objetos que hablan, viajes en el tiempo o animales fantásticos. Haz una ilustración de tu relato.